Impressum
Verlag: BABADADA GmbH, Nedderfeld 112 , 22529 Hamburg
Geschäftsführer / Verlagsleitung: Harald Hof
Druck: Books on Demand GmbH, In de Tarpen 42, 22848 Norderstedt

Imprint
Publisher: BABADADA GmbH, Nedderfeld 112 , 22529 Hamburg, Germany
Managing Director / Publishing direction: Harald Hof
Print: Books on Demand GmbH, In de Tarpen 42, 22848 Norderstedt

shule

школа

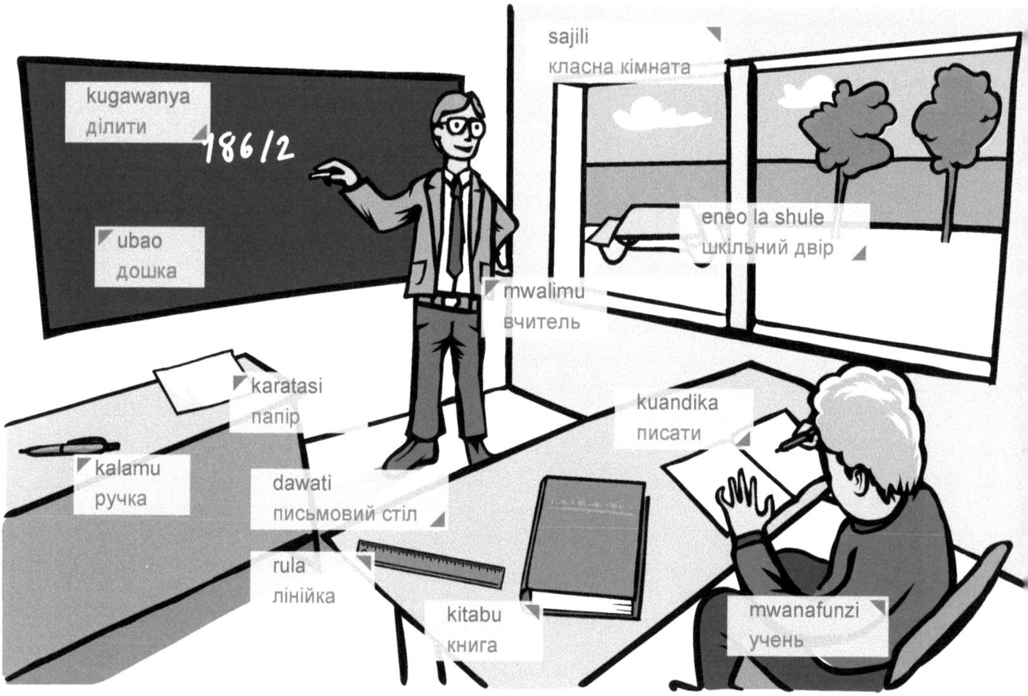
sajili
класна кімната
kugawanya
ділити
186/2
ubao
дошка
eneo la shule
шкільний двір
mwalimu
вчитель
karatasi
папір
kuandika
писати
kalamu
ручка
dawati
письмовий стіл
rula
лінійка
kitabu
книга
mwanafunzi
учень

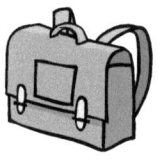

mkoba

ранець

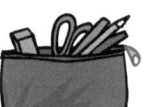

kikasha cha penseli

пенал

penseli

олівець

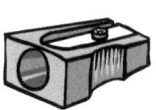

kichonga penseli

точило

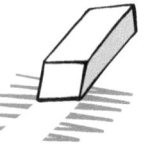

mpira

гумка

pedi ya kuchora

альбом для малювання

uchoraji

малюнок

brashi ya rangi

пензель

sanduku la rangi

коробка фарб

mkasi

ножиці

gundi

клей

daftari

зошит

kazi ya nyumbani

домашнє завдання

nambari

число

jumlisha

додавати

ondoa

віднімати

zidisha

множити

kokotoa

рахувати

barua

літера

alfabeti

абетка

neno

слово

shule - школа   3

maandishi

текст

kusoma

читати

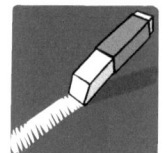

chaki

крейда

somo

година

sajili

класний журнал

uchunguzi

екзамен

cheti

диплом

sare za shule

шкільна форма

elimu

освіта

elezo

лексикон

chuo kikuu

університет

darubini

мікроскоп

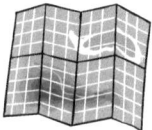

ramani

карта

kikapu cha kuweka karatasi
chafu

кошик для паперу

shule - школа

usafiri

подорож

hoteli
готель
Grand
hosteli
турбаза
ROOMS
EXCHANGE
ofisi ya ubadilishanaji
обмінний пункт
sanduku
валіза
gari
автомобіль

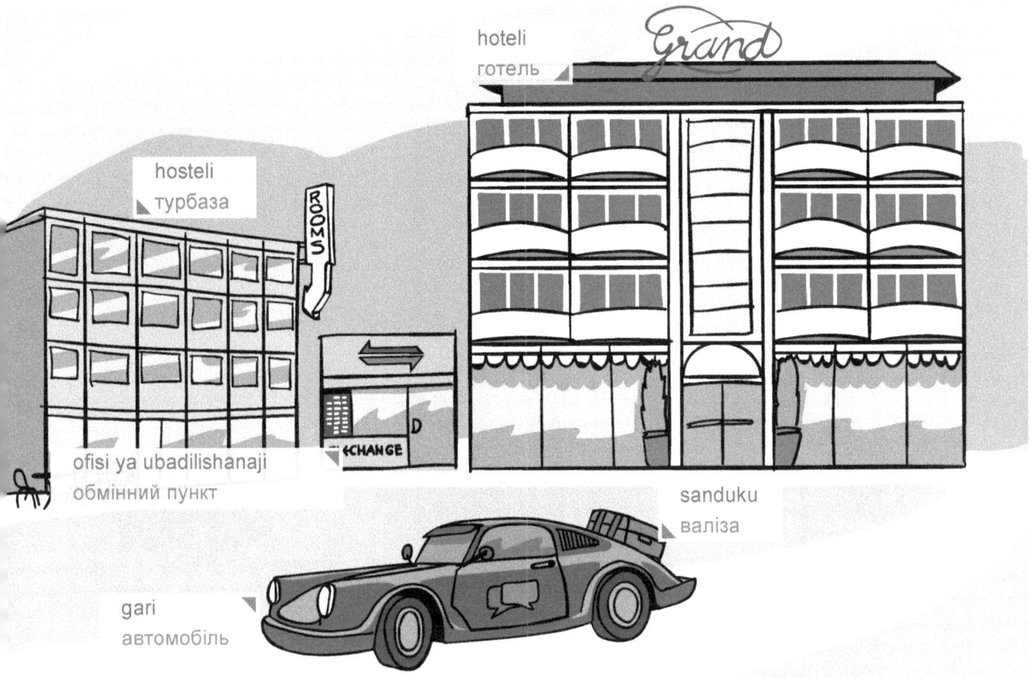

lugha

мова

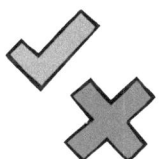

ndiyo / la

так / ні

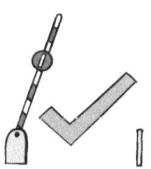

sawa

добре

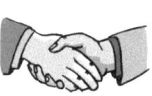

hujambo

привіт

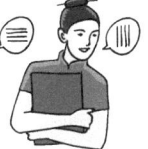

mtafsiri

перекладач

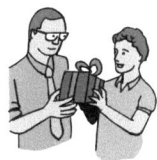

Asante

дякую

kiasi gani ni ...?

Скільки коштує ...?

Sielewi

Я не розумію

tatizo

проблема

Jioni njema!

Добрий вечір!

Habari za asubuhi!

Доброго ранку!

Usiku mwema!

На добраніч!

kwa heri

До побачення

mwelekeo

напрямок

mizigo

багаж

mfuko

сумка

shanta

рюкзак

mgeni

гість

chumba

кімната

begi la kulalia

спальний мішок

hema

намет

taarifa ya utalii

туристична інформація

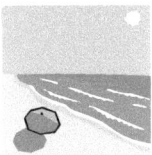

ufuo

пляж

kadi

кредитна картка

kifunguakinywa

сніданок

chakula cha mchana

обід

chakula cha jioni

вечеря

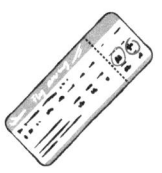

tiketi

квиток

kuinua

ліфт

muhuri

поштова марка

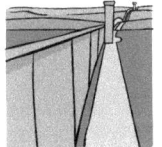

mpaka

межа

mila

митниця

ubalozi

посольство

visa

віза

pasipoti

паспорт

usafiri

транспорт

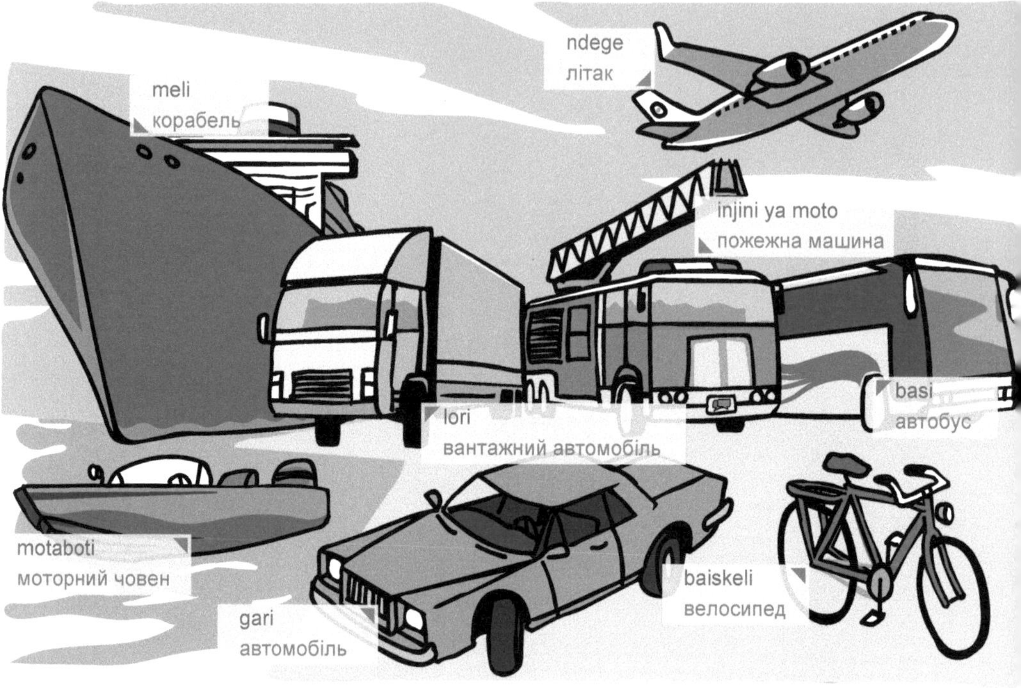

ndege
літак
meli
корабель
injini ya moto
пожежна машина
basi
автобус
lori
вантажний автомобіль
motaboti
моторний човен
baiskeli
велосипед
gari
автомобіль

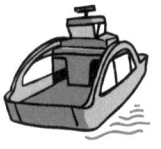

feri

пором

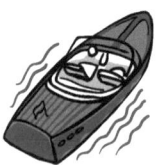

mashua

човен

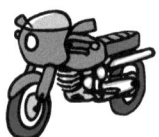

pikipiki

мотоцикл

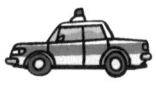

gari la polisi

поліцейська машина

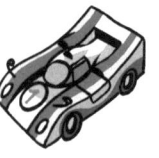

gari la mashindano

гоночний автомобіль

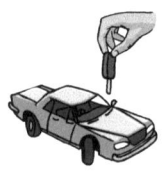

gari la kukodisha

автомобіль на прокат

kushiriki gari

пільне користування авто

lori la kuvuta

евакуатор

ukusanyaji taka

сміттєвоз

motor

двигун

mafuta

паливо

kituo cha mafuta

автозаправна станція

ishara trafiki

дорожній знак

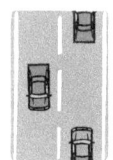

trafiki

рух

msongamano

затор

maegesho

стоянка

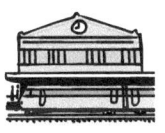

kituo cha treni

вокзал

reli

рейки

garimoshi

потяг

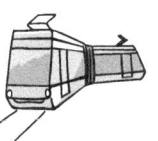

tremu

трамвай

gari la mizigo

вагон

helikopta

гелікоптер

uwanja wa ndege

аеропорт

mnara

вежа

abiria

пасажир

chombo

контейнер

katoni

коробка

mkokoteni

візок

kikapu

кошик

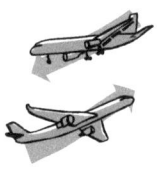

ondoka

стартувати / приземлятися

jiji

місто

kijiji

село

katikati ya jiji

центр міста

nyumba

дім

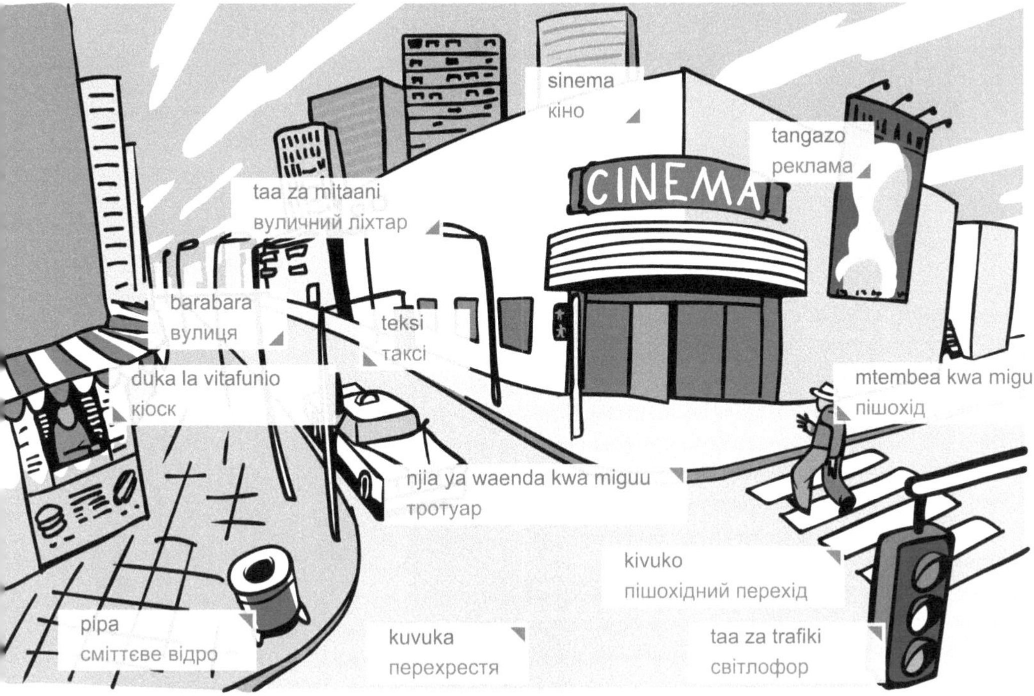

sinema
кіно

tangazo
реклама

taa za mitaani
вуличний ліхтар

barabara
вулиця

teksi
таксі

duka la vitafunio
кіоск

mtembea kwa miguu
пішохід

njia ya waenda kwa miguu
тротуар

kivuko
пішохідний перехід

pipa
сміттєве відро

kuvuka
перехрестя

taa za trafiki
світлофор

kibanda

хатина

gorofa

квартира

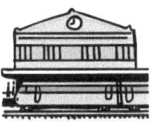

kituo cha treni

вокзал

ukumbi wa mji

ратуша

Makavazi

музей

shule

школа

chuo kikuu

університет

benki

банк

hospitali

лікарня

hoteli

готель

duka la dawa

аптека

ofisi

офіс

duka la kitabu

книжковий магазин

duka

магазин

duka la maua

квітковий магазин

dukakuu

супермаркет

soko

ринок

idara ya kuhifadhi

універмаг

mwuza samaki

торговець рибою

kituo cha ununuzi

торговельний центр

bandari

гавань

Hifadhi

парк

benki

лава

daraja

міст

vidato

сходи

chini ya ardhi

метро

handaki

тунель

kituo cha mabasi

автобусна зупинка

bar

бар

mgahawa

ресторан

sanduku la posta

поштова скринька

ishara ya barabara

вулична табличка

mila ya maegesho

лічильник паркування

bustani ya wanyama

зоопарк

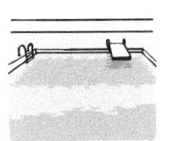

kidimbwi cha kuogelea

басейн

msikiti

мечеть

shamba

ферма

uchafuzi

забруднення навколишнього середовища

makaburini

кладовище

kanisa

церква

uwanja wa michezo

дитячий майданчик

hekalu

храм

mazingira
ландшафт

jani
листок

ishara ya mwelekeo
вказівний стовп

njia
шлях

malisho
луг

jiwe
камінь

mtembeaji wa masafa
мандрівник

mti
дерево

mto
річка

nyasi
трава

ua
квітка

bonde

долина

kilima

гора

ziwa

озеро

msitu

ліс

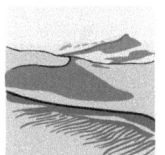

jangwa

пустеля

volkano

вулкан

ngome

замок

upinde wa mvua

веселка

uyoga

гриб

mtende

пальма

mbu

комар

kuruka

муха

chungu

мурашка

nyuki

бджола

buibui

павук

mende

жук

chura

жаба

kuchakuro

вивірка

nungunungu

їжак

sungura

заєць

bundi

сова

ndege

птах

swan

лебідь

nguruwe mwitu

кабан

kulungu

олень

aina ya kongoni

лось

bwawa

гребля

tabo ya upepo

вітряк

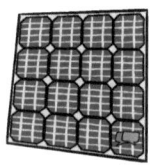

nishaji ya jua

сонячний модуль

hali ya hewa

клімат

mgahawa

ресторан

mhudumu
офіціант
menyu
меню
kiti
стілець
supu
суп
piza
піца
vilia
столові прилади
kitambaa cha mezani
скатертина

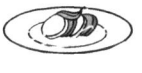

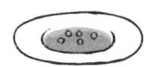

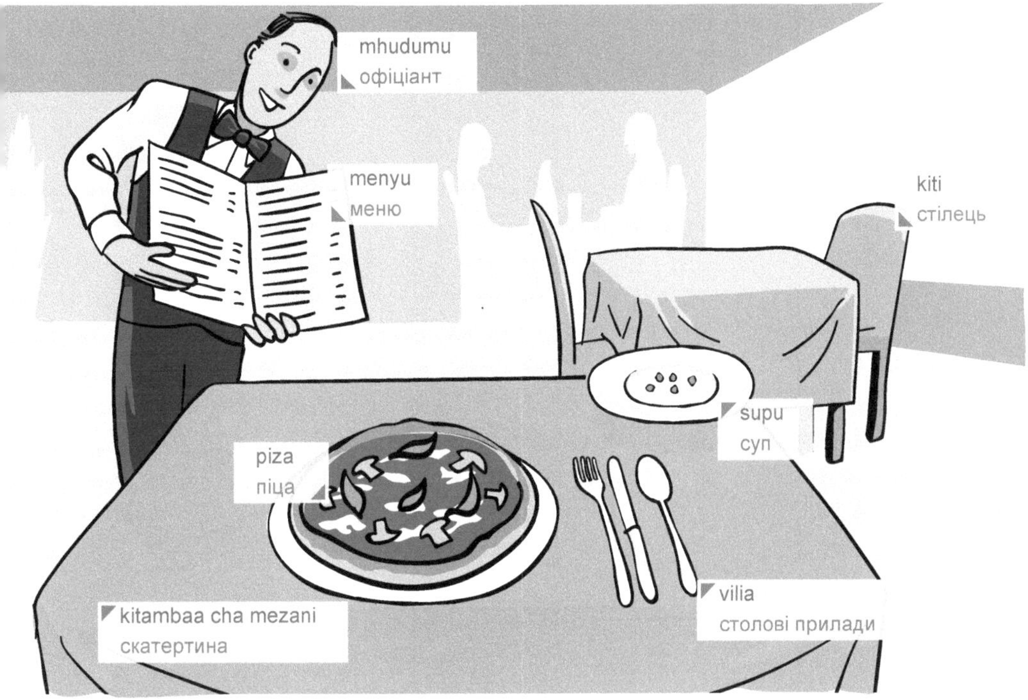

kiamsha hamu

закуска

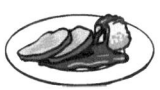

kozi kuu

друга страва

kitindamlo

десерт

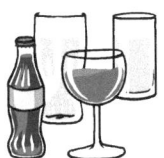

vinywaji

напої

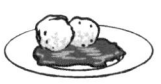

chakula

їжа

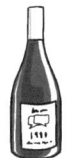

chupa

пляшка

chakula cha haraka

фаст-фуд

Streetfood

вулична їжа

buli

чайник

kisanduku cha sukari

цукорниця

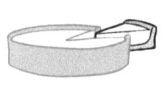

sehemu

порція

mashine ya espresso

еспресо-машина

kiti kirefu

високий стільчик

muswada

рахунок

trei

піднос

kisu

ніж

uma

вилка

kijiko

ложка

kijiko cha chai

чайна ложка

nepi

серветка

glasi

склянка

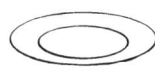

sahani

тарілка

sahani ya supu

тарілка для супу

sufuria

блюдце

mchuzi

соус

kichanyaji chumvi

солонка

kinu cha pilipili

млин для перцю

siki

оцет

mafuta

масло

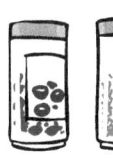

viungo

спеції

kechapu

кетчуп

haradali

гірчиця

kachumbari nzito

майонез

dukakuu

супермаркет

ofa maalum
пропозиція
FOR
mteja
клієнт
maziwa
молочні продукти
matunda
фрукти
toroli
візок для покупок

BUTCHERS

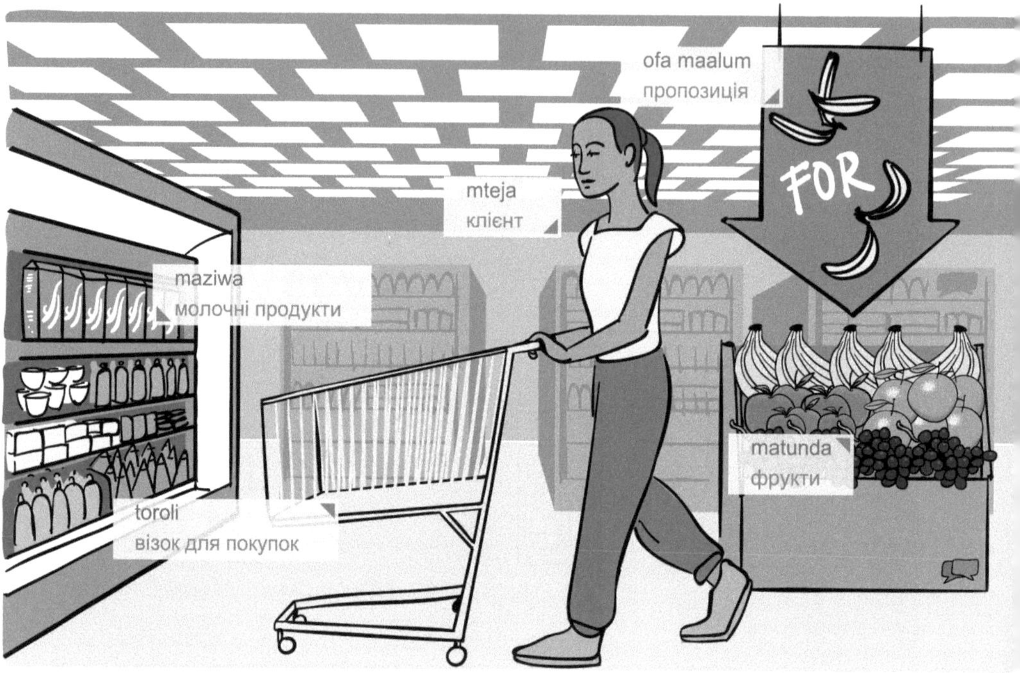

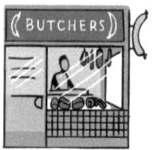

mchinjaji

м'ясний магазин

BAKERY

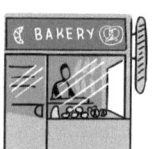

mwokaji

пекарня

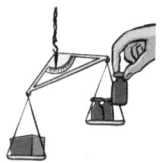

uzito

зважувати

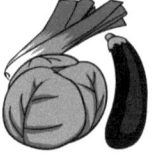

mboga

овочі

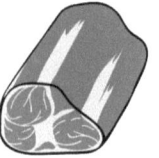

nyama

м'ясо

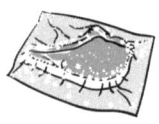

chakula waliohifadhiwa

заморожені продукти

vipande vya nyama baridi

ковбасна нарізка

chakula cha kopo

консерви

sabuni ya unga

пральний порошок

pipi

солодощі

bidhaa za kaya

предмети домашнього побуту

bidhaa za kusafisha

мийний засіб

mtu mauzo

продавщиця

mpaka

каса

keshia

касир

orodha ya manunuzi

список покупок

masaa ya ufunguzi

часи роботи

mkoba

гаманець

kadi

кредитна картка

mfuko

сумка

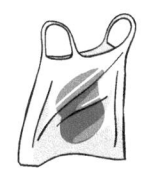

mfuko wa plastiki

поліетиленовий пакет

maji

вода

sharubati

сік

maziwa

молоко

coke

кола

mvinyo

вино

bia

пиво

pombe

алкоголь

kakao

какао

chai

чай

kahawa

кава

spreso

еспресо

kapuchino

капучіно

ndizi

банан

tufaha

яблуко

machungwa

апельсин

tikiti

кавун

lemon

лимон

karoti

морква

kitunguu saumu

часник

mianzi

бамбук

kitunguu

цибуля

uyoga

гриб

karanga

горішки

nudo

локшина

spageti

спагеті

mpunga

рис

saladi

салат

vibanzi

картопля фрі

viazi vya kukaanga

смажена картопля

piza

піца

hambaga

гамбургер

sandwichi

бутерброд

kipande

шніцель

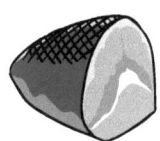

paja la mnyama

шинка

salami

салямі

soseji

ковбаса

kuku

курка

choma

печеня

samaki

риба

oats ya uji

вівсяні пластівці

muesli

мюслі

cornflakes

кукурудзяні пластівці

unga

борошно

kroisanti

круасан

andazi

булочка

mkate

хліб

mkate wa kubanika

тостовий хліб

biskuti

печиво

siagi

масло

maziwa mgando

сир

keki

пиріг

yai

яйце

yai kukaanga

яєчня

jibini

сир

chakula - їжа

aiskrimu

морозиво

sukari

цукор

asali

мед

jemu

мармелад

kuenea kwa chokoleti

нуга-крем

mchuzi wa viungo

карі

nyumba ya kilimo
сільський будинок

ghalani
комора

majani bale
солом'яні тюки

uwanja
поле

farasi
кінь

trela
причіп

mtoto
лоша

trekta
трактор

punda
віслюк

kondoo
вівця

mwanakondoo
ягня

mbuzi

коза

ng'ombe

корова

ndama

теля

nguruwe

свиня

mwananguruwe

порося

fahali

бик

batabukini

гусак

bata

качка

kifaranga

курча

kuku

курка

jogoo

півень

panya

щур

paka

кіт

panya

миша

ng'ombe

віл

mbwa

собака

nyumba ya mbwa

собача будка

bomba la bustani

садовий шланг

debe la kumwagilia maji

лійка

fyekeo

коса

kulima

плуг

mundu

серп

jembe

мотика

uma wa nyasi

вила

shoka

сокира

toroli

тачка

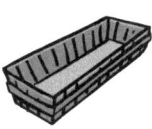

kupitia nyimbo

корито

chombo cha maziwa

бідон молока

gunia

мішок

ua

паркан

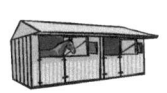

imara

хлів

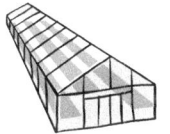

chafu

теплиця

udongo

ґрунт

mbegu

насіння

mbolea

добриво

kivunaji

комбайн

shamba - ферма

mavuno

пожинати

mavuno

урожай

viazi vikuu

корінь ямсу

ngano

пшениця

soya

соя

viazi

картопля

mahindi

кукурудза

rapa

ріпак

mti wa matunda

плодове дерево

muhogo

маніок

nafaka

злаки

shamba - ферма

nyumba
дім

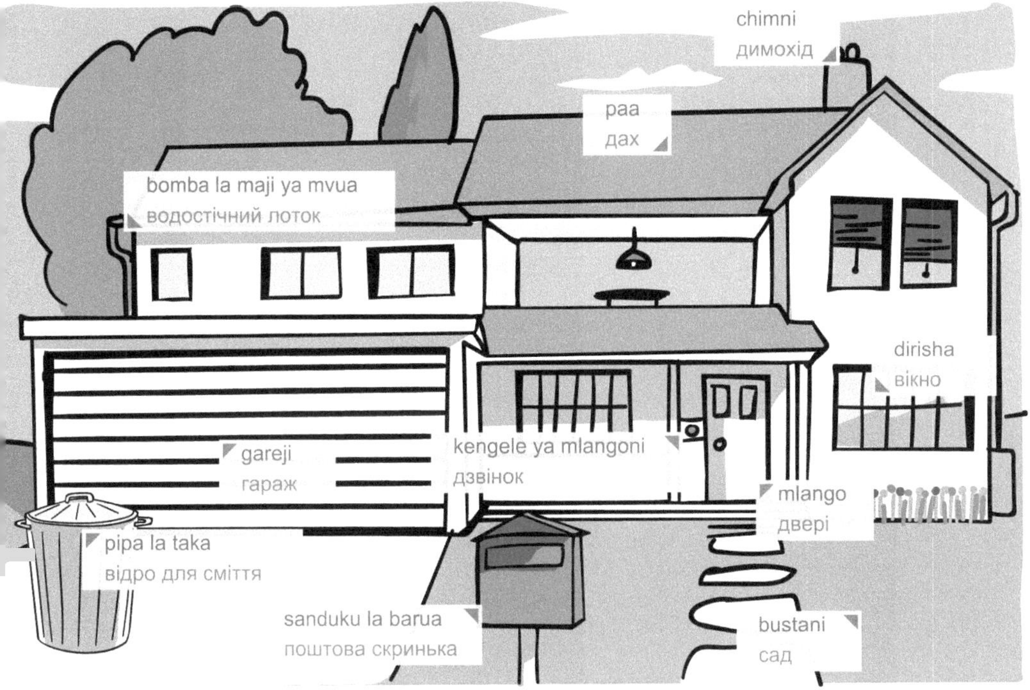
chimni
димохід
paa
дах
bomba la maji ya mvua
водостічний лоток
dirisha
вікно
gareji
гараж
kengele ya mlangoni
дзвінок
mlango
двері
pipa la taka
відро для сміття
sanduku la barua
поштова скринька
bustani
сад

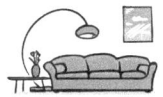

sebuleni
вітальня

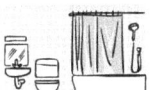

bafu
ванна кімната

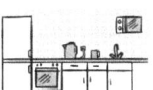

jikoni
кухня

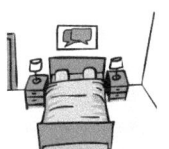

chumba cha kulala
спальня

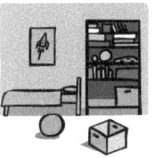

chumba ya mtoto
дитяча кімната

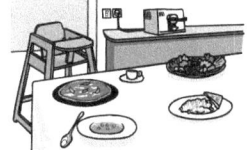

chumba cha kulia
їдальня

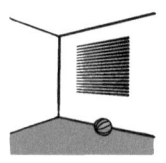

sakafu

підлога

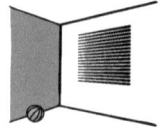

ukuta

стіна

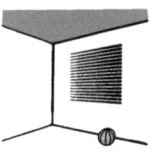

dari

стеля

pishi

підвал

sauna

сауна

roshani

балкон

mtaro

тераса

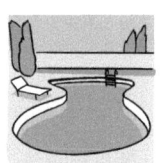

kidimbwi

басейн

mashine ya kukata nyasi

косарка

karatasi

простирало

kitambaa cha kupamba
kitanda

ковдра

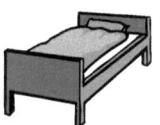

kitanda

ліжко

ufagio

мітла

ndoo

відро

kubadili

перемикач

sebuleni
вітальня

mandhari
шпалери
picha
малюнок
taa
лампа
rafu
поличка
kabati
шафа
televisheni/runinga
телевізор
mekoni
камін
ua
квітка
mto
подушка
sofa
диван
chombo cha maua
ваза
kitenzambali
пульт

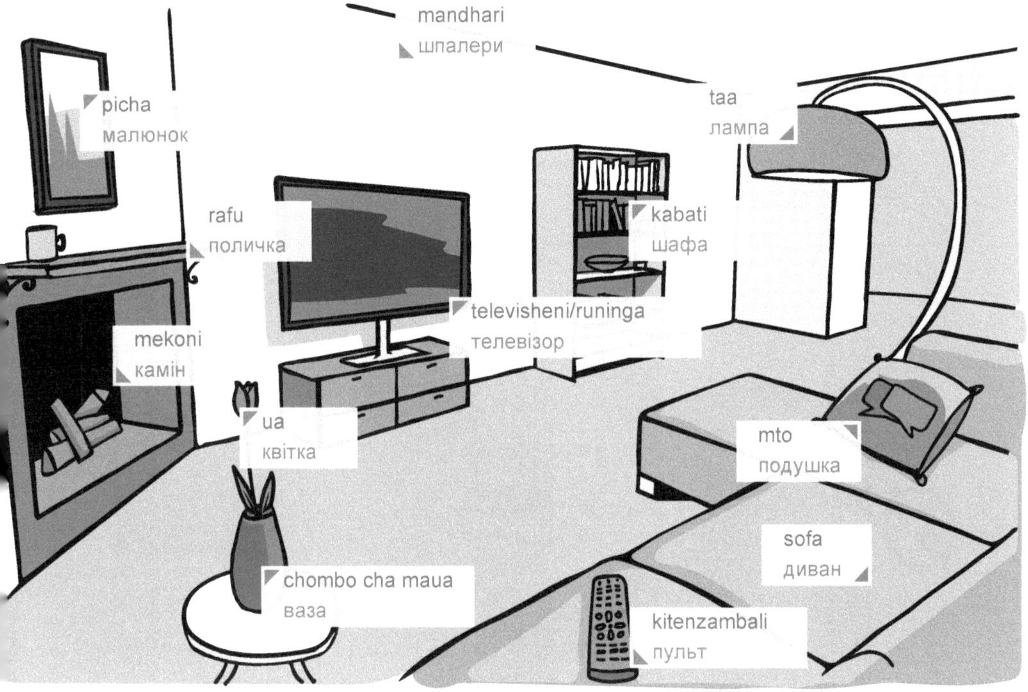

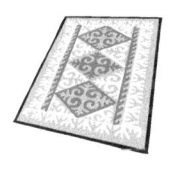

zulia

килим

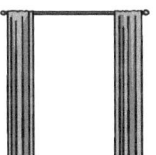

pazia

завіса

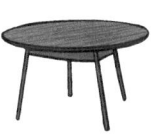

meza

стіл

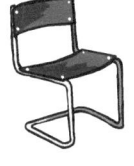

kiti

стілець

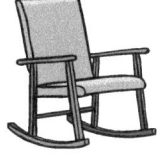

kiti cha bembea

крісло-гойдалка

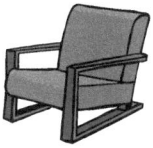

armchair

крісло

kitabu

книга

blanketi

ковдра

mapambo

прикраса

kuni

дрова

filamu

фільм

kifaa cha hi-fi

стереосистема

ufunguo

ключ

gazeti

газета

uchoraji

картина

bango

плакат

redio

радіо

daftari

блокнот

kifyonza

пилосос

dungusi kakati

кактус

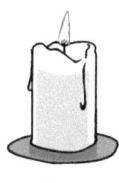

mshumaa

свічка

jikoni
кухня

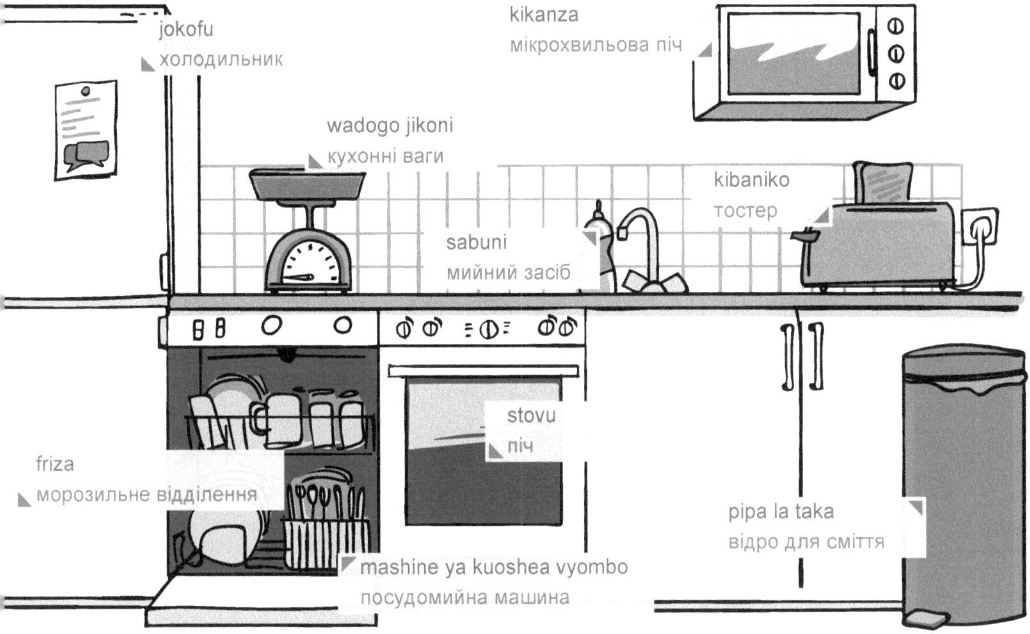
jokofu
холодильник
kikanza
мікрохвильова піч
wadogo jikoni
кухонні ваги
kibaniko
тостер
sabuni
мийний засіб
stovu
піч
friza
морозильне відділення
pipa la taka
відро для сміття
mashine ya kuoshea vyombo
посудомийна машина

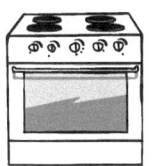

jiko la kupika

плита

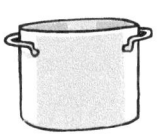

chungu

горщик

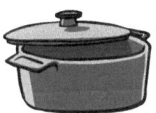

sufuria ya chuma

чавунний горщик

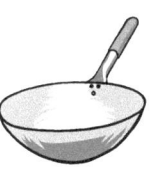

wok / kadai

вок / кадай

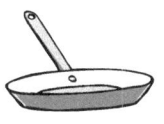

kaango

сковорода

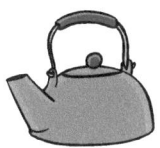

birika

чайник

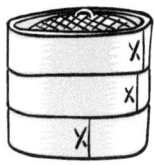

stima

пароварка

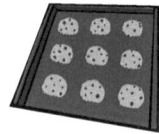

sinia ya kuoka

лист

vyombo vya udongo

посуд

kombe

кухоль

bakuli

чаша

vijiti vya kulia

палички для їжі

ukawa

черпак

mwiko mpana

лопатка

burashi

вінчик для збивання

kichujio

сито

chujio

сито

mbuzi

терка

chokaa

ступка

barbeque

барбекю

moto wazi

багаття

ubao wa majaribio

дошка

kijiti cha kusukuma unga

качалка

kizibuo

штопор

kopo

конзерва

inaweza kopo

відкривачка

kishikio cha chungu

прихватки

karo

раковина

brashi

щітка

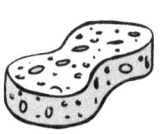

sifongo

губка

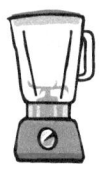

kisagaji matunda

міксер

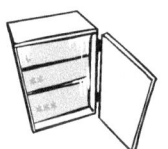

friji ya kina

морозильна камера

chupa ya mtoto

дитяча пляшка

bomba

кран

bafu

ванна кімната

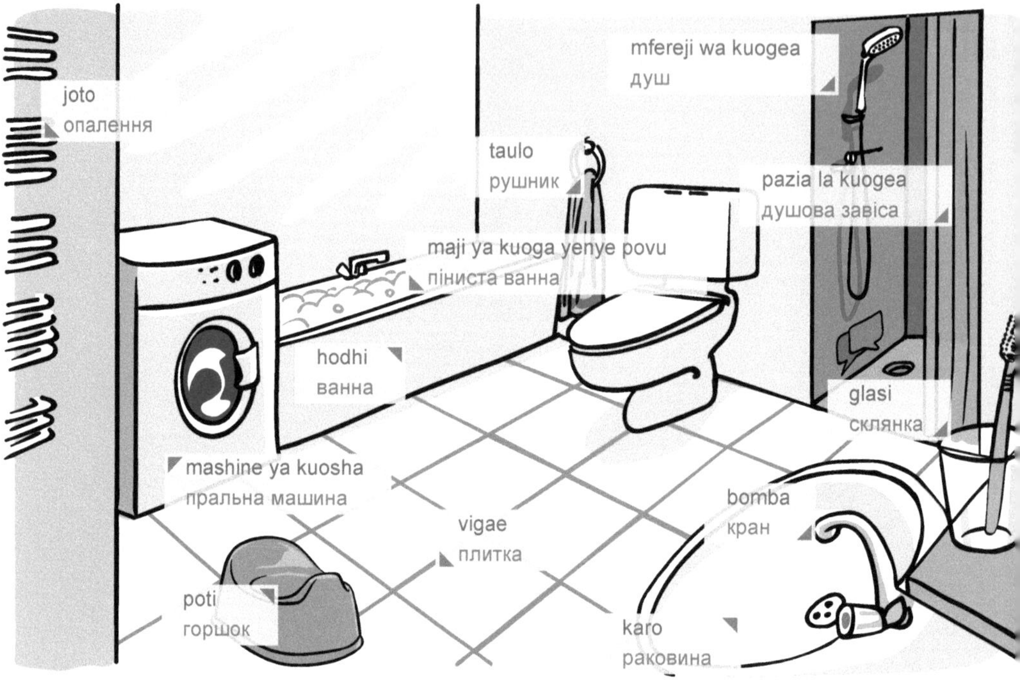

joto
опалення
taulo
рушник
mfereji wa kuogea
душ
pazia la kuogea
душова завіса
maji ya kuoga yenye povu
платформа
hodhi
ванна
glasi
склянка
mashine ya kuosha
пральна машина
bomba
кран
vigae
плитка
poti
горшок
karo
раковина

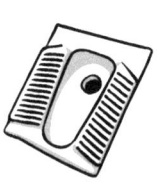

choo

туалет

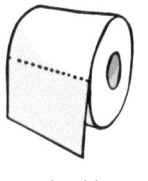

choo cha squat

підлоговий туалет

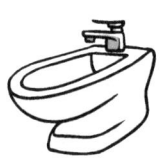

beseni la mviringo

біде

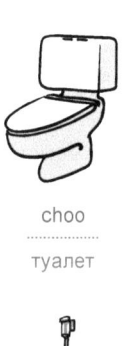

choo cha umma

пісуар

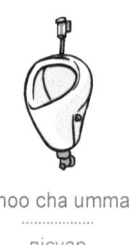

shashi

туалетний папір

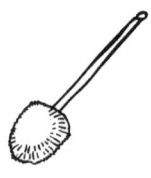

brashi ya choo

щітка для туалету

mswaki

зубна щітка

dawa ya meno

зубна паста

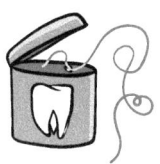

dawa ya meno

нитка для чищення зубів

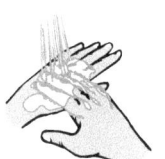

safisha

мити

kuoga mkono

ручний душ

msukumo wa maji

інтимний душ

bonde

таз

mpako wa pili

щітка для спини

sabuni

мило

jeli ya kuogea

гель для душу

shampuu

шампунь

flana

мочалка

toa maji

водостік

krimu

крем

kiondoa harufu

дезодорант

kioo

дзеркало

kioo mkono

косметичне дзеркало

kinyozi

бритва

povu la kunyoa

піна для гоління

baada ya kunyoa

лосьйон після гоління

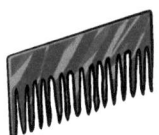

kichana

гребінь

brashi

щітка

kikausha nywele

фен

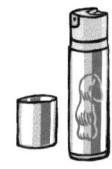

marashi ya nyewele

лак для волосся

vipodozi

косметика

kidomwa

губна помада

varnish ya msumari

лак для нігтів

pamba

вата

mkasi wa kucha

ножиці для нігтів

manukato

парфум

mkoba wa kuosha

косметичка

kinyesi

табурет

mizani

ваги

nguo ya kuoga

халат

glavu za mpira

гумові рукавички

kisodo

тампон

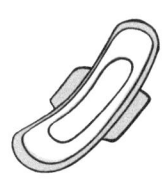

sodo

гігієнічні прокладки

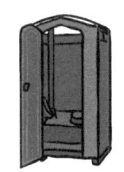

kemikali choo

біотуалет

chumba ya mtoto
дитяча кімната

saa ya kengele
будильник
kidoli cha kupakata
м'яка іграшка
gari bandia
іграшковий автомобіль
kelele
брязкальце
chumba cha midoli
ляльковий будиночок
sasa
подарунок

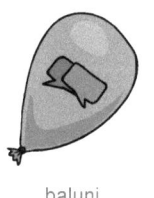

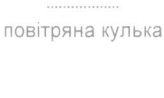

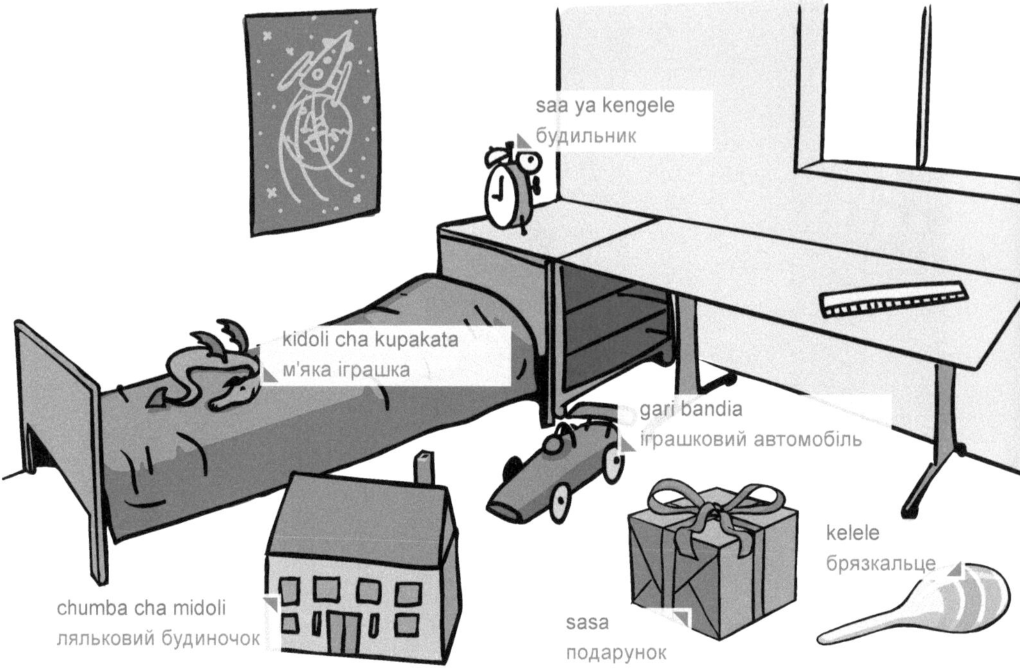

baluni

повітряна кулька

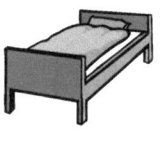

kitanda

ліжко

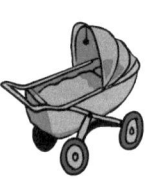

mashua

дитячий візок

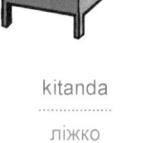

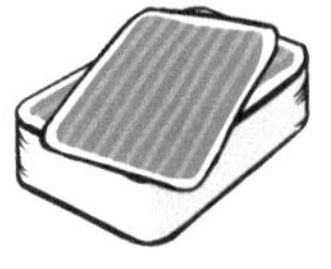

staha ya kadi

картярська гра

mchezo-fumb

пазл

SUPER
MEGA

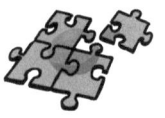

vichekesho

комікс

matofali lego

лего цеглинки

vitalu mwigo

блоки

hatua takwimu

іграшкова фігурка

suti ya kulalia

повзунки

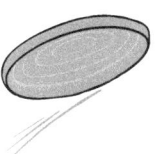

kisahani

фризбі

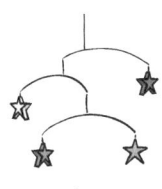

simu

мобіле

ubao wa michezo

настільна гра

kete

кубик

garimoshi mwigo

модель залізнична станція

dummy

соска

chama

вечірка

picha kitabu

книжка з картинками

mpira

м'яч

kikaragosi

лялька

kucheza

грати

shimo la mchanga

пісочниця

bembea

гойдалка

vitu bandia

іграшка

kiweko cha video ya mchezo

гральна консоль

baiskeli ya magurudumu

триколісний велосипед

matatu

mwanasesere

плюшевий мішка

kabati

шафа

nguo

одяг

soksi

шкарпетки

stokingi

панчохи

kibano

колготки

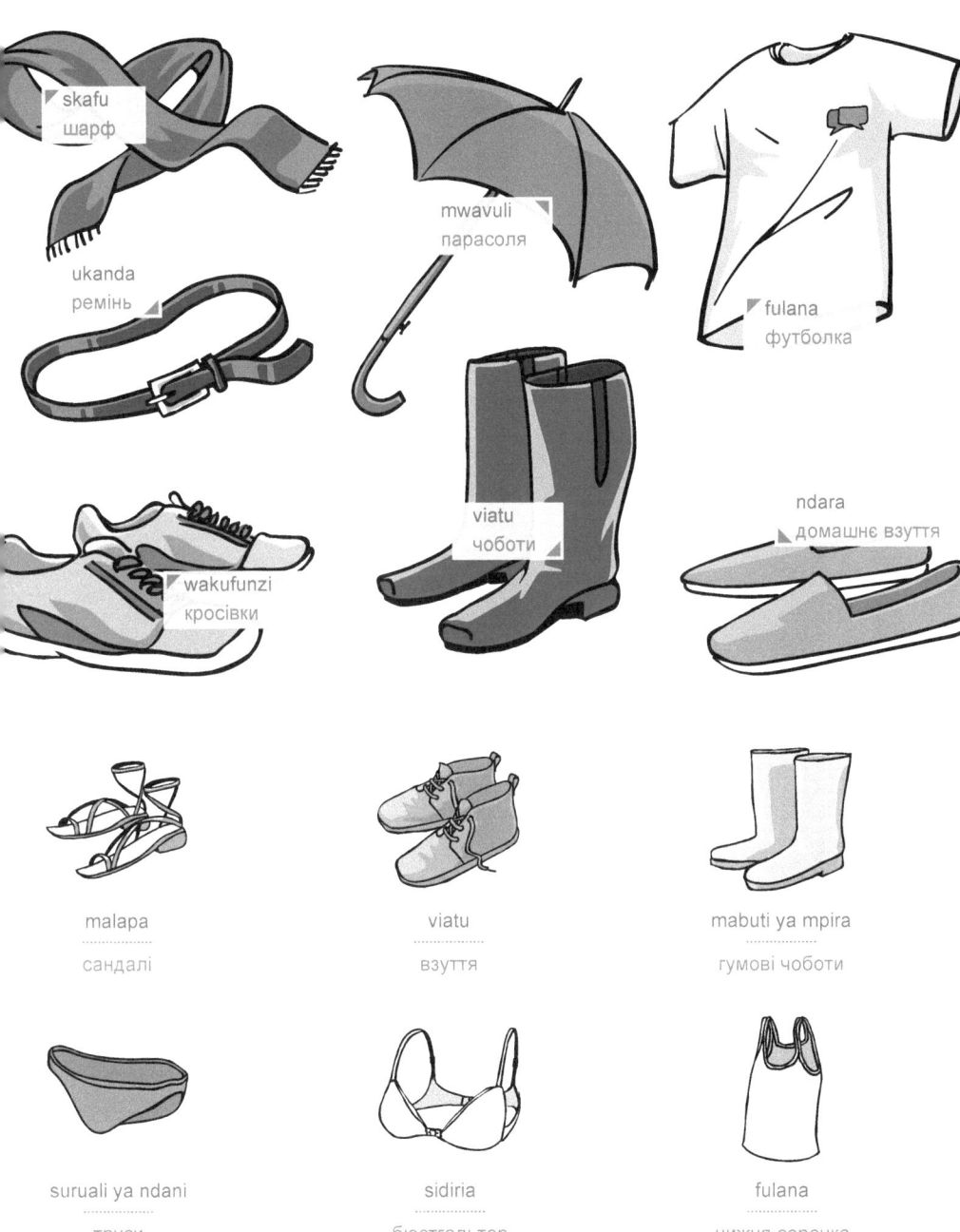

skafu
шарф

ukanda
ремінь

mwavuli
парасоля

fulana
футболка

wakufunzi
кросівки

viatu
чоботи

ndara
домашнє взуття

malapa

сандалі

viatu

взуття

mabuti ya mpira

гумові чоботи

suruali ya ndani

труси

sidiria

бюстгальтер

fulana

нижня сорочка

mwili

боді

suruali

штани

dangirizi

джинси

sketi

спідниця

blauzi

блузка

shati

сорочка

vuta

пуловер

sweta

светр

bleza

піджак

jaketi

куртка

koti

пальто

koti la mvua

дощовик

maleba

костюм

gauni

сукня

mavazi ya harusi

весільна сукня

suti

костюм

vazi la usiku

нічна сорочка

pajama

піжама

sari

capi

skafu

головна хустка

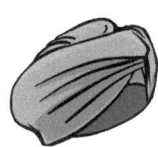

kilemba

чалма

burka

бурка

kaftan

кафтан

abaya

абая

vazi la kuogelea

купальник

vazi la kiume la kuogelea

плавки

kaptura

шорти

teitei

тренувальний костюм

aproni

фартух

glavu

рукавички

kifungo

гудзик

glasi

окуляри

bangili

браслет

mkufu

ланцюг

pete

кільце

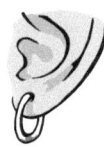

herini

сережка

kofia

шапка

kiango cha koti

плічка

kofia

капелюх

tai

краватка

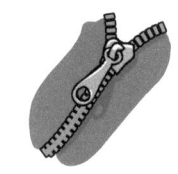

zipu

застібка-блискавка

kofia

шолом

kanda za suruali

підтяжки

sare za shule

шкільна форма

sare

уніформа

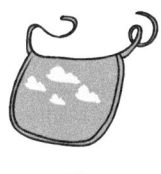

bibu

нагрудник

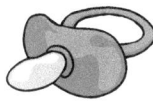

dummy

соска

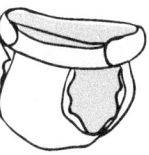

nepi

підгузок

ofisi

офіс

seva
сервер
kabati la kuweka faili
шаф для документів
karatasi
папір
kichapishaji
принтер
kiwambo
монітор
kipanya
миша
dawati
письмовий стіл
folda
папка
kibodi
синтезатор
u cha kuweka karatasi chafu
к для паперу
kompyuta
комп'ютер
kiti
стілець

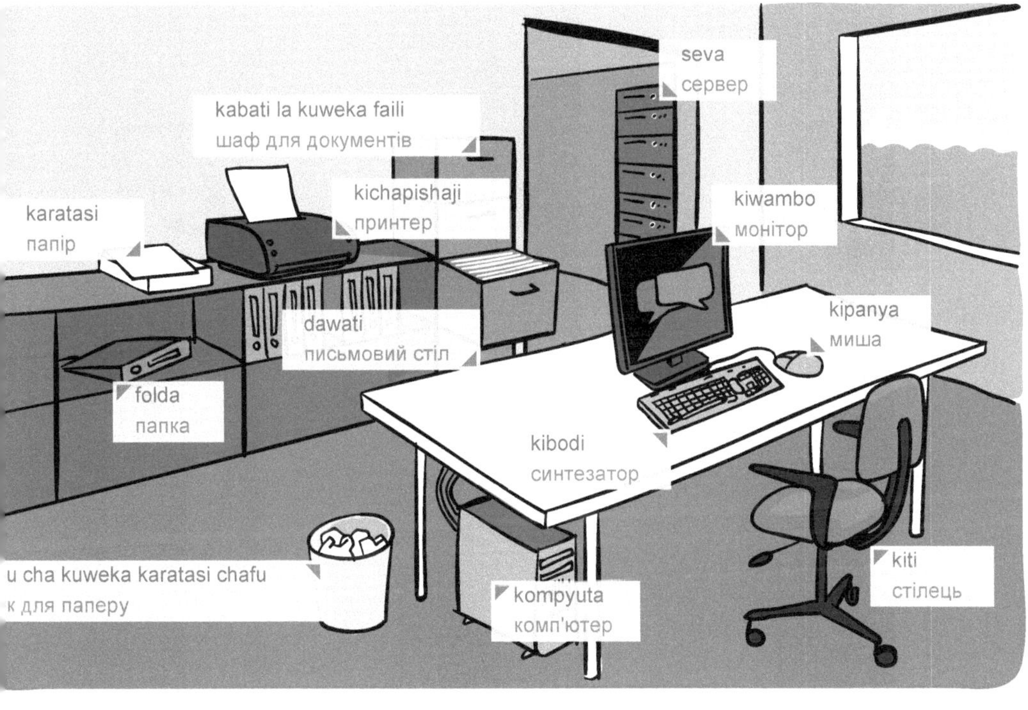

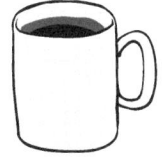

kmobe la kahawa

кавовий кухоль

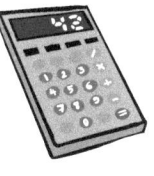

kikokotoo

калькулятор

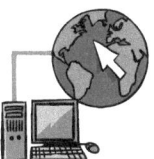

biashara

інтернет

mbali

ноутбук

barua

лист

ujumbe

повідомлення

rununu

мобільний телефон

intaneti

мережа

fotokopia

копіювальний пристрій

programu

програмне забезпечення

simu

телефон

soketi

розетка

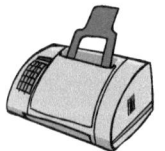

kipepesi

факс

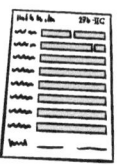

fomu

бланк

hati

документ

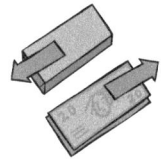

kununua

купувати

kulipa

платити

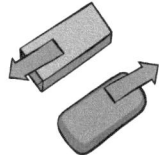

biashara

торгувати

fedha

гроші

dola

долар

yuro

євро

yeni

ієна

rouble

рубль

faranga ya Uswisi

франк

renminbi yuan

юанів женьміньбі

rupia

рупія

eneo la kulipia

банкомат

ofisi ya ubadilishanaji

обмінний пункт

dhahabu

золото

fedha

срібло

mafuta

нафта

nishati

енергія

bei

ціна

mkataba

контракт

kodi

податок

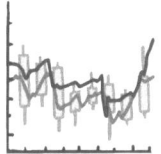

bidhaa

акція

kazi

працювати

mfanyakazi

працівник

mwajiri

роботодавець

kiwanda

фабрика

duka

магазин

afisa wa polisi
поліцейський

mzimamoto
пожежник

mpishi
повар

daktari
лікар

rubani
пілот

mtunza bustani

садівник

seremala

столяр

mshonaji

швачка

hakimu

суддя

mwanakemia

хімік

muigizaji

актор

dereva wa basi

водій автобуса

dereva wa teksi

таксист

mvuvi

рибалка

mwanamke wa kusafisha

прибиральниця

mwezekaji

покрівельник

mhudumu

офіціант

mwindaji

мисливець

mchoraji

художник

mwokaji

пекар

umeme

електрик

mjenzi

будівельник

mhandisi

інженер

mchinjaji

забійник

fundi bomba

бляхар

mwanaposta

листоноша

mwanajeshi

солдат

msanifu majengo

архітектор

keshia

касир

muuza maua

флорист

msusi

перукар

kondakta

кондуктор

mekanika

механік

nahodha

капітан

daktari wa meno

дантист

mwanasayansi

вчений

rabhi

рабин

imamu

імам

mtawa

монах

kasisi

пастор

zana
інструменти

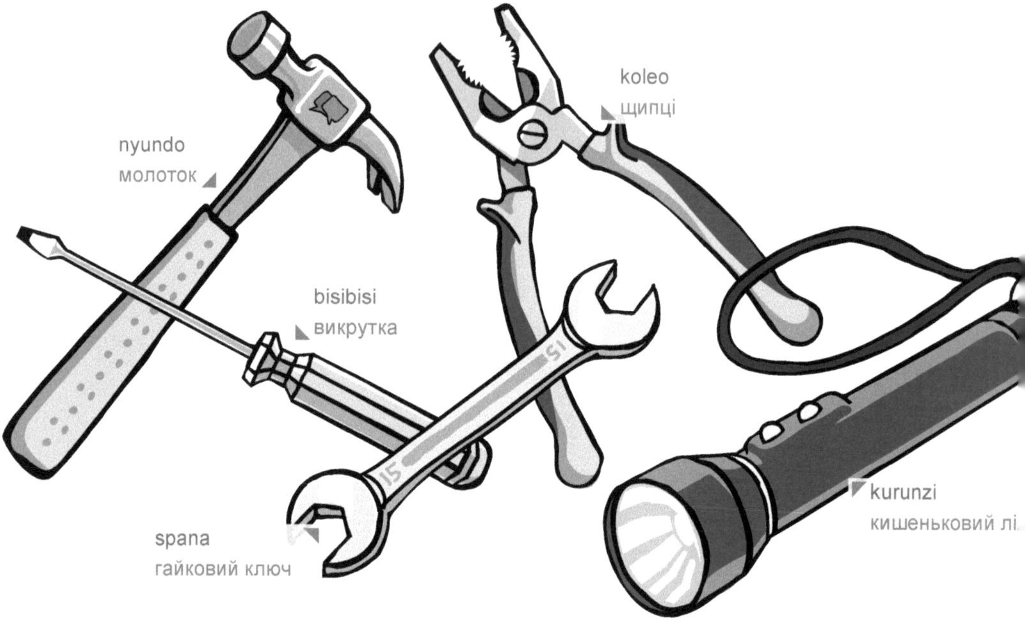
koleo
щипці
nyundo
молоток
bisibisi
викрутка
kurunzi
кишеньковий лі
spana
гайковий ключ

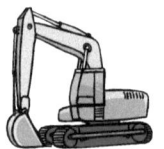

mchimbaji
екскаватор

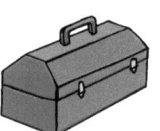

sanduku la vifaa
ящик для інструментів

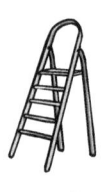

ngazi
драбина

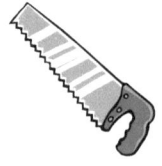

msumeno
пилка

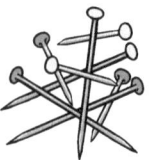

misumari
цвяхи

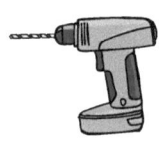

kuchimba visima
свердло

kukarabati

ремонтувати

sepetu

лопата

Lo!

лайно!

kishikio cha uchafu

совок

chungu cha rangi

відро з фарбою

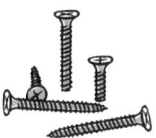

skurubu

гвинти

ala za muziki
музичні інструменти

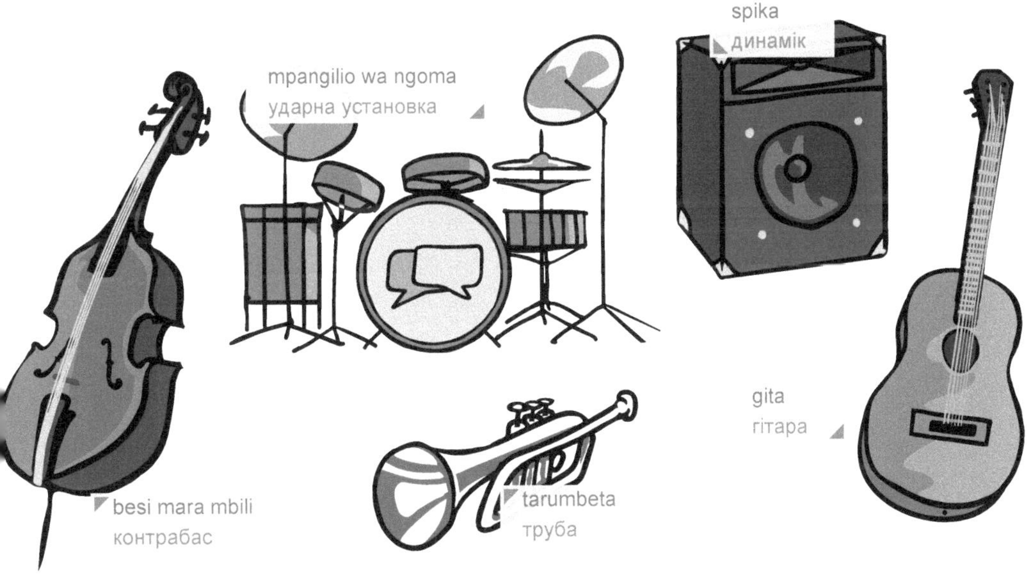

spika
динамік

mpangilio wa ngoma
ударна установка

gita
гітара

besi mara mbili
контрабас

tarumbeta
труба

piano

фортепіано

fidla

скрипка

ubeji

бас

timpani

литаври

ngoma

барабан

kibodi

клавіатура

saksafoni

саксофон

filimbi

флейта

maikrofoni

мікрофон

bustani ya wanyama

зоопарк

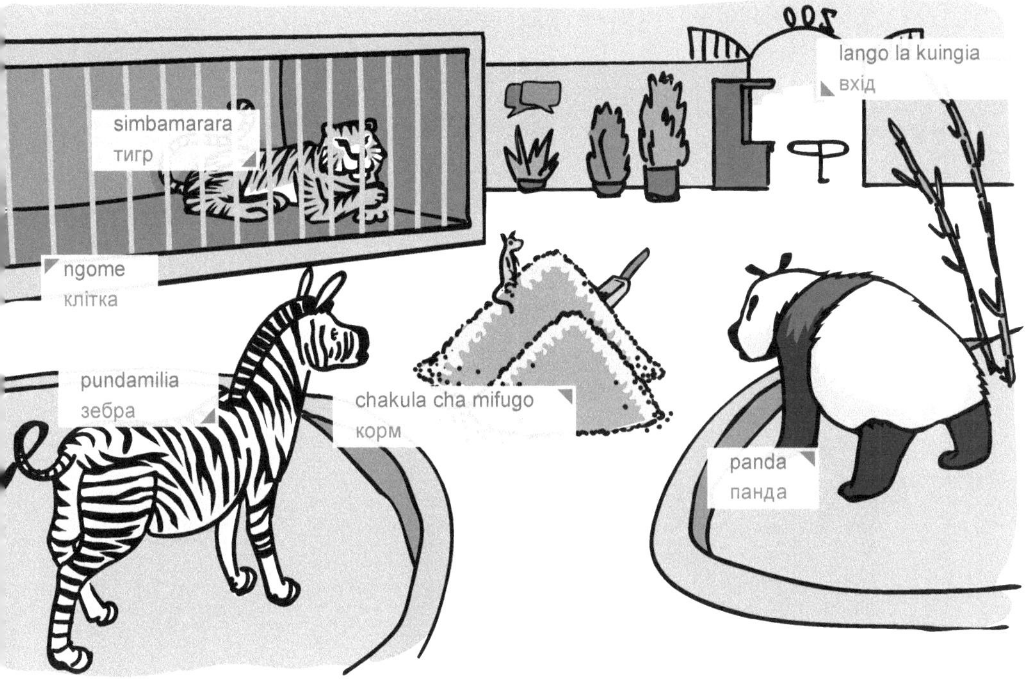

simbamarara
тигр
lango la kuingia
вхід
ngome
клітка
pundamilia
зебра
chakula cha mifugo
корм
panda
панда

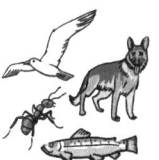

wanyama

тварини

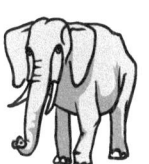

tembo

слон

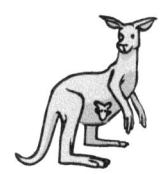

kangaruu

кенгуру

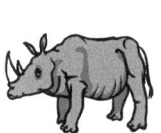

kifaru

носоріг

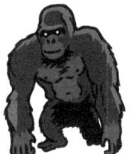

sokwe

горила

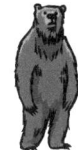

dubu

ведмідь

ngamia

верблюд

mbuni

страус

simba

лев

tumbili

мавпа

heroe

фламінго

kasuku

папуга

dubu

білий ведмідь

penguini

пінгвін

papa

акула

tausi

павич

nyoka

змія

mamba

крокодил

mtunza wanyama

працівник зоопарку

muhuri

тюлень

jaguar

ягуар

mwanafarasi

поні

chui

леопард

kiboko

гіпопотам

twiga

жираф

tai

орел

nguruwe mwitu

кабан

samaki

риба

kobe

черепаха

sili

морж

mbweha

лисиця

paa

газель

soka ya marekani
американський футбол

uendeshaji baiskeli
їзда на велосипеді

tenisi
теніс

mpira wa kikapu
баскетбол

kuogelea
плавання

ndondi
бокс

magongo ya barafuni
хокей

soka
....
футбол

vinyoya
....
бадмінтон

riadha
....
легка атлетика

mpira wa mikono
....
гандбол

skii
....
лижні перегони

polo
....
поло

kuruka
стрибати

kumbatia
обіймати

cheka
сміятися

kutembea
йти

kuimba
співати

ota ndoto
мріяти

kuomba
молитися

busu
цілувати

kuandika

писати

kuteka

малювати

angalia

показувати

sukuma

тиснути

kutoa

давати

kuchukua

брати

kuwa

мати

fanya

робити

kuwa

бути

kusimama

стояти

kukimbia

бігати

vuta

тягнути

kutupa

кидати

kuanguka

падати

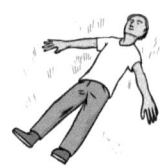

hadaa

лежати

kusubiri

очікувати

kubeba

носити

kukaa

сидіти

vaa nguo

одягати

usingizi

спати

kuamka

просипатися

kuangalia

дивитися

lia

плакати

kiharusi

гладити

chana nywele

розчісувати

ongea

розмовляти

kuelewa

розуміти

kuuliza

питати

kusikiliza

слухати

kunywa

пити

kula

їсти

nadhifisha

прибирати

upendo

любити

mpishi

варити

gari

їхати

kuruka

літати

meli

йти під вітрилом

kokotoa

рахувати

kusoma

читати

kujifunza

вчитися

kazi

працювати

kuoa

одружуватися

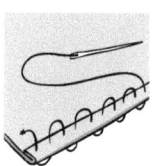

kushona

шити

piga mswaki

чистити зуби

kuua

убивати

moshi

курити

kutuma

посилати

bibi
бабуся

babu
дідуся

baba
батько

mama
мати

mtoto
немовля

binti
донька

bin
син

mgeni

гість

shangazi

тітка

mjomba

дядько

kaka

брат

dada

сестра

mwili

тіло

paji la uso
чоло
jicho
око
bega
плече
kidole
палець
uso
обличчя
kidevu
підборіддя
mkono
кисть
matiti
груди
mguu
нога
mkono
рука

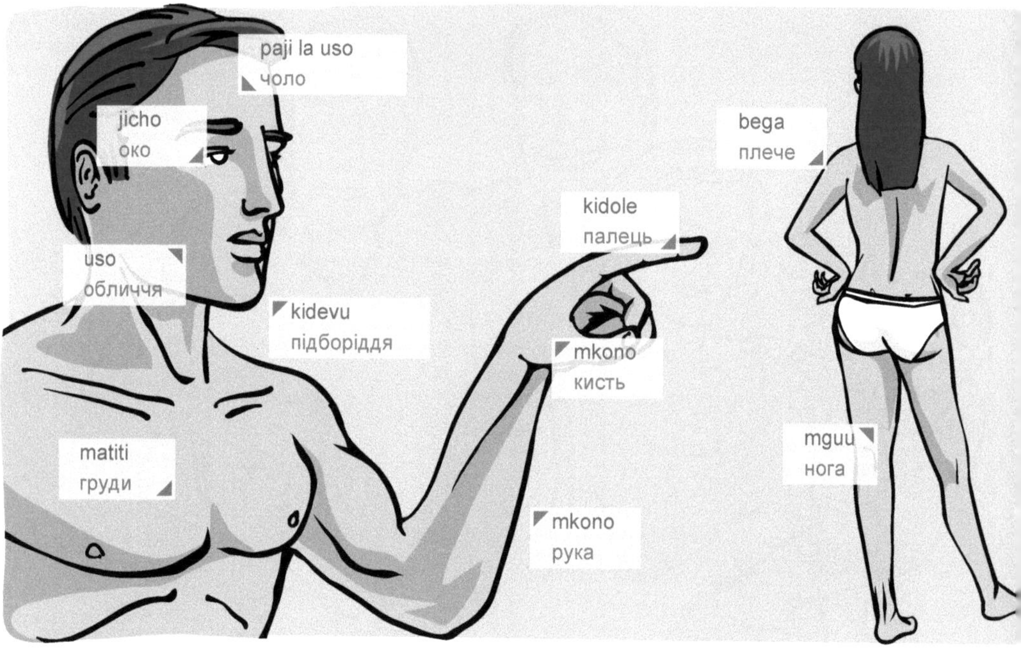

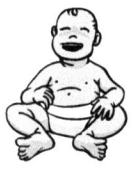

mtoto

немовля

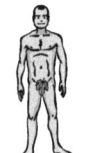

mwanamume

чоловік

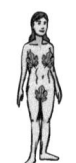

mwanamke

жінка

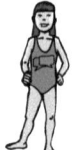

msichana

дівчина

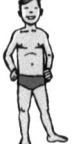

mvulana

хлопчик

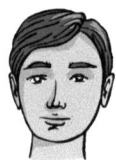

kichwa

голова

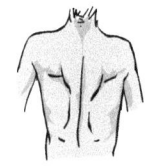

nyuma

спина

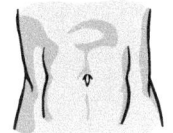

tumbo

живіт

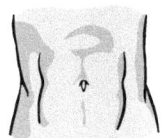

kitovu

пуп

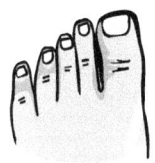

chano

палець ноги

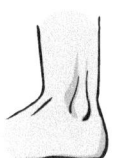

kisigino

п'ята

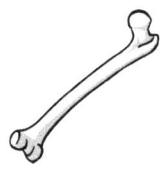

mfupa

кістка

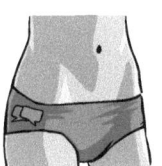

nyonga

стегно

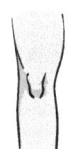

goti

коліно

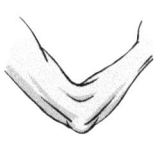

kiwiko

лікоть

pua

ніс

chini

сідниці

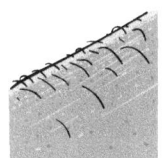

ngozi

шкіра

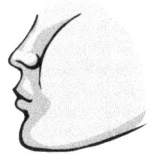

shavu

щока

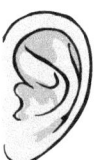

sikio

вухо

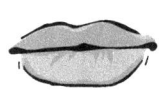

mdomo

губа

mwili - тіло

kinywa

рот

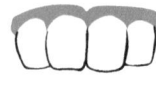

jino

зуб

ulimi

язик

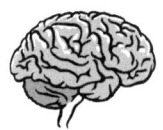

ubongo

мозок

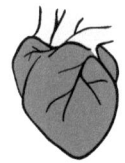

moyo

серце

misuli

м'яз

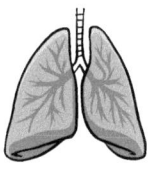

pafu

легені

ini

печінка

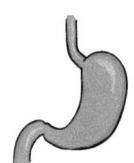

tumbo

шлунок

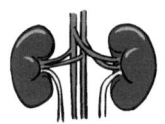

figo

нирки

jinsia

статевий акт

kondomu

презерватив

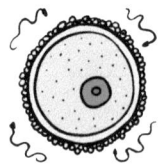

ovari

яйцеклітина

shahawa

сперма

mimba

вагітність

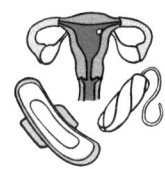

hedhi

менструація

uke

вагіна

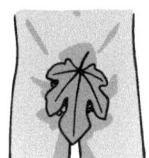

uume

пеніс

unyusi

брова

nywele

волосся

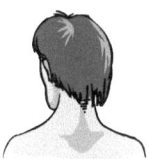

shingo

шия

hospitali
лікарня

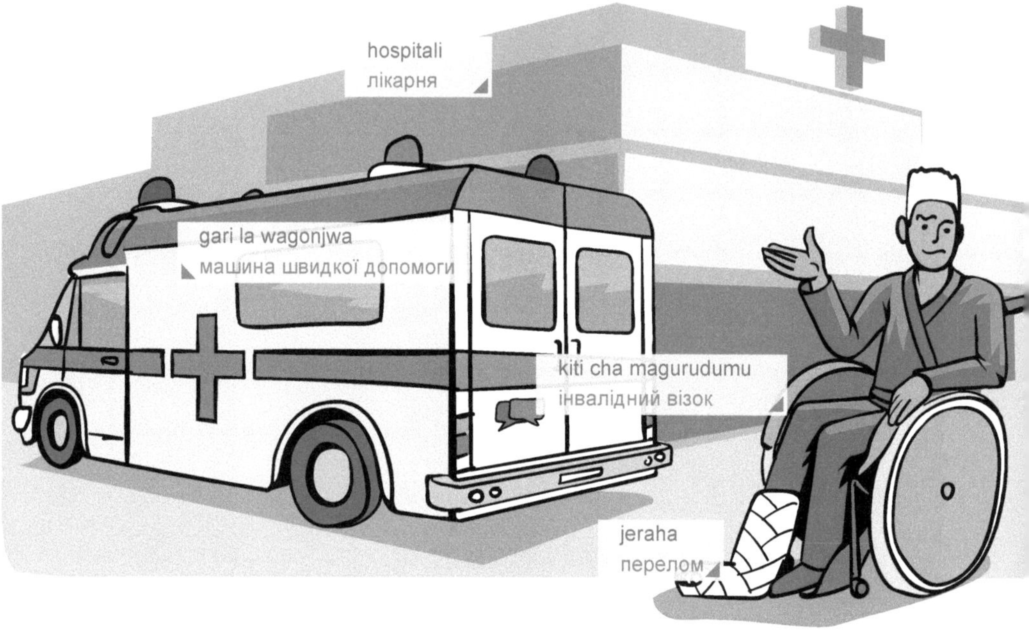

hospitali
лікарня
gari la wagonjwa
машина швидкої допомоги
kiti cha magurudumu
інвалідний візок
jeraha
перелом

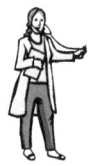

daktari

лікар

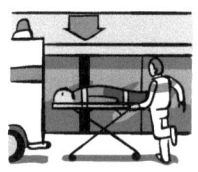

chumba cha dharura

відділення швидкої медичної допомоги

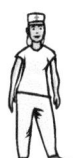

muuguzi

медсестра

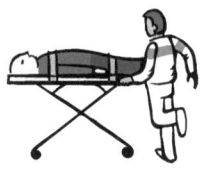

dharura

аварійний випадок

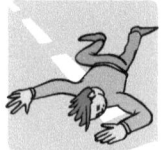

kupoteza fahamu

непритомний

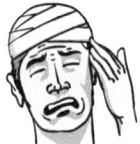

maumivu

біль

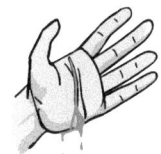

kuumia

травма

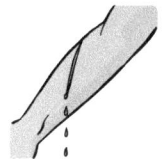

kutokwa na damu

кровотеча

mshtuko wa moyo

інфаркт

kiharusi

інсульт

mzio

алергія

kikohozi

кашель

homa

лихоманка

mafua

грип

kuharisha

пронос

maumivu ya kichwa

головна біль

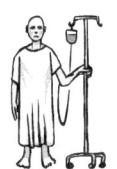

kansa

рак

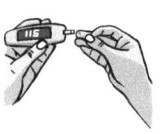

ugonjwa wa kisukari

діабет

daktari mpasuaji

хірург

kisu kidogo cha kupasulia

скальпель

operesheni

операція

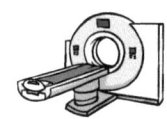

picha changanufu ya mwili

КТ

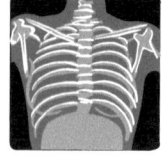

Eksrei

рентген

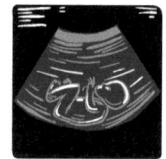

mawimbi sauti

ультразвук

barakoa ya uso

маска

ugonjwa

хвороба

chumba cha kusubiri

зал очікування

mkongojo

милиця

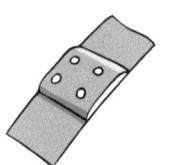

plasta

пластир

bendeji

пов'язка

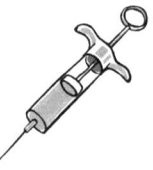

sindano

ін'єкція

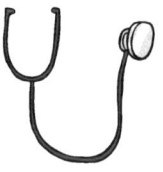

stetoskopu

стетоскоп

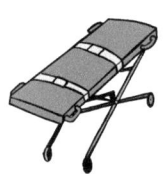

machela

ноші

kipimajoto cha kliniki

термометр

kuzaliwa

народження

unene kupita kiasi

надмірна вага

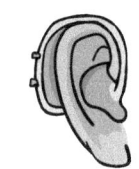

kusikia misaada

слуховий апарат

kipukusi

дезінфікуючий засіб

maambukizi

інфекція

virusi

вірус

VVU / UKIMWI

ВІЛ / СНІД

dawa

медицина

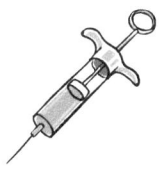

chanjo

вакцинація

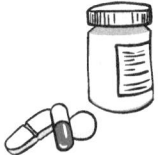

vidonge

таблетки

kidonge

протизаплідна пігулка

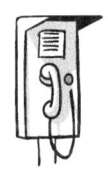

sımu ya dharura

екстрений виклик

haemodainamometa

тонометр

mgonjwa / mwenye afya

хворий / здоровий

Msaada!

Допоможіть!

kengele

сигнал тривоги

pigo

напад

shambulizi

атака

hatari

небезпека

lango la dharura

аварійний вихід

Moto!

Вогонь!

kizima moto

вогнегасник

ajali

аварія

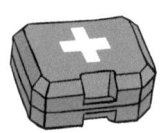

vifaa vya huduma ya kwanza

аптечка

wito wa msaada

СОС

polisi

поліція

Ulaya

Європа

Amerika ya Kaskazini

Північна Америка

Amerika ya Kusini

Південна Америка

Afrika

Африка

Asia

Азія

Australia

Австралія

Atlantiki

Атлантика

Pasifiki

Тихий океан

Bahari ya Hindi

Індійський океан

Bahari ya Antaktiki

Антарктичний океан

Bahari ya Aktiki

Північний Льодовитий океан

Ncha ya Kaskazini

Північний полюс

Ncha ya Kusini

Південний полюс

Antaktika

Антарктика

dunia

Земля

nchi

суша

bahari

море

kisiwa

острів

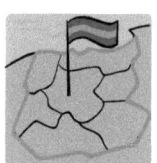

taifa

нація

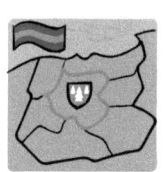

jimbo

держава

uso wa saa

циферблат

akrabu ya saa

годинникова стрілка

akrabu ya dakika

хвилинна стрілка

akrabu ya sekunde

секундна стрілка

Ni saa ngapi?

Котра година?

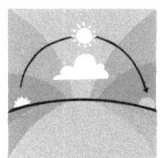

siku

день

wakati

час

sasa

зараз

saa ya dijitali

цифровий годинник

dakika

хвилина

saa

година

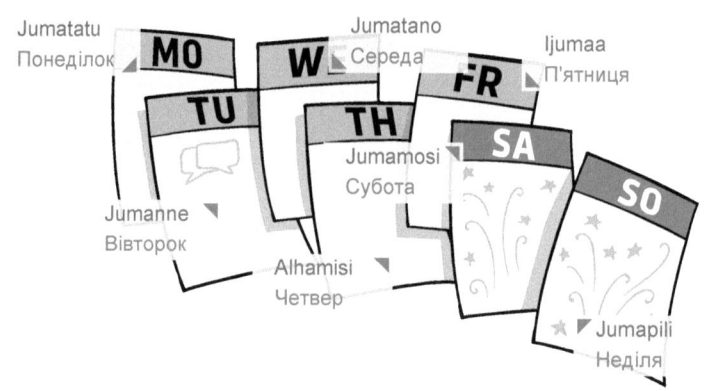

Jumatatu
Понеділок

Jumatano
Середа

Ijumaa
П'ятниця

Jumanne
Вівторок

Jumamosi
Субота

Alhamisi
Четвер

Jumapili
Неділя

jana
вчора

leo
сьогодні

kesho
завтра

asubuhi
ранок

saa sita mchana
опівдні

jioni
вечір

siku za biashara
робочі дні

mwishoni mwa wiki
кінець робочого тижня

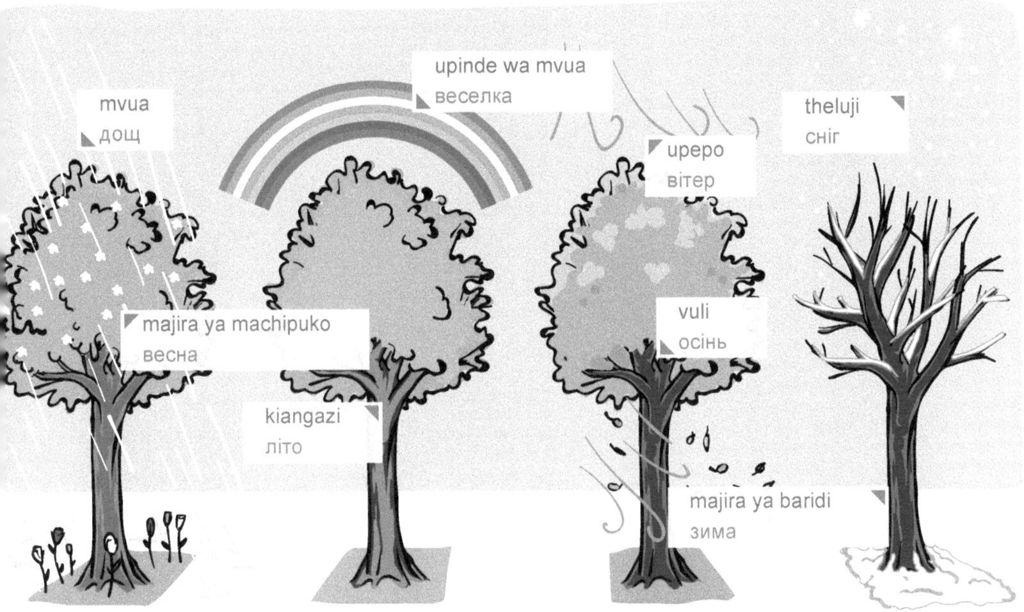

mvua
дощ

upinde wa mvua
веселка

upepo
вітер

theluji
сніг

majira ya machipuko
весна

vuli
осінь

kiangazi
літо

majira ya baridi
зима

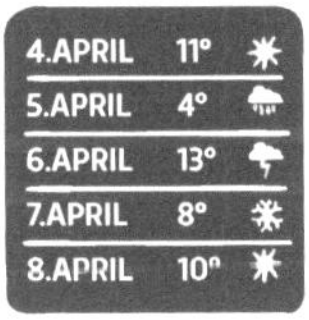

4.APRIL	11°	☀
5.APRIL	4°	☁
6.APRIL	13°	☂
7.APRIL	8°	☀
8.APRIL	10°	☀

utabiri wa hali ya hewa

прогноз погоди

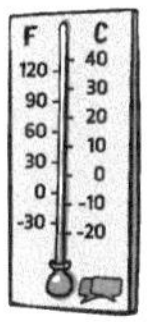

kipimajoto

термометр

mwanga wa jua

сонячне світло

wingu

хмара

ukungu

туман

unyevu

вологість повітря

umeme

блискавка

radi

грім

dhoruba

шторм

mvua ya mawe

град

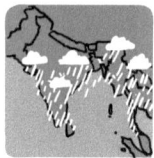

monsuni

мусон

mafuriko

повінь

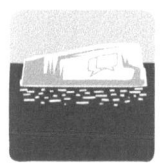

barafu

лід

Januari

Січень

Februari

Лютий

Machi

Березень

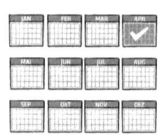

Aprili

Квітень

Mei

Травень

Juni

Червень

Julai

Липень

Agosti

Серпень

Septemba
....
Вересень

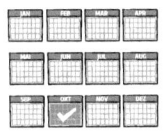

Oktoba
....
Жовтень

Novemba
....
Листопад

Desemba
....
Грудень

maumbo
форми

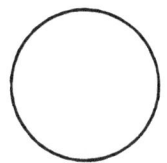

mduara
....
круг

mraba
....
квадрат

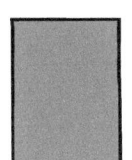

mstatili
....
прямокутник

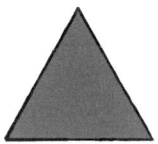

pembetatu
....
трикутник

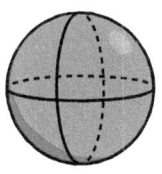

nyanja
....
куля

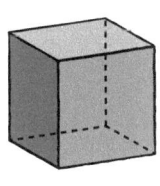

mchemraba
....
куб

nyeupe

білий

manjano

жовтий

chungwa

помаранчевий

rangi ya waridi

рожевий

nyekundu

червоний

hudhurungi

фіолетовий

bluu

синій

kijani

зелений

hanja

коричневий

jivujivu

сірий

nyeusi

чорний

mengi / kidogo

багато / мало

hasira / pole

лютий / мирний

nzuri / mbaya

гарний / бридкий

mwanzo / mwisho

початок / кінець

kubwa / ndogo

великий / малий

angavu / giza

світлий / темний

kaka / dada

брат / сестра

safi / chafu

чистий / брудний

kamilika / tokamilika

завершений /
незавершений

siku / usiku

день / ніч

wafu / hai

мертвий / живий

pana / nyembamba

широкий / вузький

kulika / kutolika

їстівний / неїстівний

ovu / ema

злий / дружній

sisimkwa / udhika

збуджений / нудьгуючий

nene / nyembamba

товстий / тонкий

kwanza / mwisho

спочатку / востаннє

rafiki / adui

друг / ворог

jaa / tupu

повний / порожній

ngumu / laini

жорсткий / м'який

nzito / nyepesi

важкий / легкий

njaa / kiu

голод / спрага

mgonjwa / mwenye afya

хворий / здоровий

haramu / kisheria

незаконний / законний

akili / kijinga

розумний / дурний

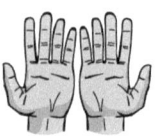

kushoto / kulia

вліво / вправо

karibu / mbali

поруч / далеко

mpya / kutumika

новий / використаний

kitu / jambo

нічого / щось

zee / changa

старий / молодий

waka / zima

вкл / викл

wazi / fungwa

відкрито / закрито

utulivu / kelele

тихо / гучно

tajiri / masikini

багатий / бідний

sahihi / kosa

правильно / неправильно

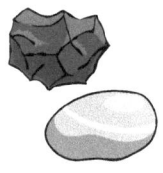

mbaya / laini

шорсткий / гладкий

huzunika / furahia

сумний / щасливий

fupi /ndefu

короткий / довгий

polepole / haraka

повільно / швидко

nyevu / kavu

вологий / сухий

joto / baridi

гарячий / холодний

vita / amani

війна / мир

0

sufuri

нуль

1

moja

один

2

mbili

два

3

tatu

три

4

nne

чотири

5

tano

п'ять

6

sita

шість

7

saba

сім

8

nane

вісім

9

tisa

дев'ять

10

kumi

десять

11

kumi na moja

одинадцять

12
kumi na mbili

дванадцять

13
kumi na tatu

тринадцять

14
kumi na nne

чотирнадцять

15
kumi na tano

п'ятнадцять

16
kumi na sita

шістнадцять

17
kumi na saba

сімнадцять

18
kumi na nane

вісімнадцять

19
kumi na tisa

дев'ятнадцять

20
ishirini

двадцять

100
mia

сто

1.000
elfu

тисяча

1.000.000
milioni

мільйон

Kiingereza

англійська

Kiingereza cha Marekani

американська англійська

Kimandarini cha Uchina

китайська
високочиновницька

Kihindi

хінді

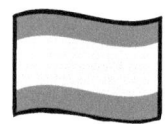

Kihispania

іспанська

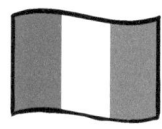

Kifaransa

французька

Kiarabu

арабська

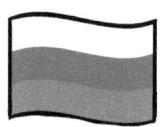

Kirusi

російська

Kireno

португальська

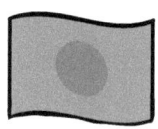

Kibengali

бенгальська

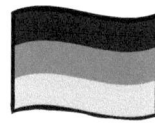

Kijerumani

німецька

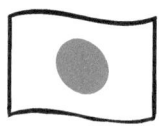

Kijapani

японська

mimi

я

wewe

ти

yeye / yeye / ni

він / вона / воно

sisi

ми

wewe

ви

wao

вони

nani?

хто?

nini?

що?

jinsi gani?

як?

wapi?

де?

lini?

коли?

jina

ім'я

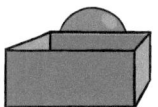

nyuma

ззаду

katika

в

mbele ya

перед

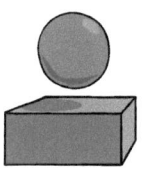

juu ya

над

kwenye

на

chini ya

під

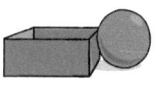

kando

біля

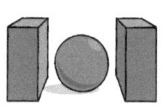

kati

між

mahali

місце